Min tvåspråkiga bilderbok

Το δίγλωσσο εικονογραφημένο βιβλίο μου

Sefas vackraste barnsagor i en volym

Ulrich Renz • Barbara Brinkmann:

Sov gott, lilla vargen · Όνειρα γλυκά, μικρέ λύκε

För barn från 2 år

Cornelia Haas • Ulrich Renz:

Min allra vackraste dröm · Το πιο γλυκό μου όνειρο

För barn från 2 år

Ulrich Renz • Marc Robitzky:

De vilda svanarna · Οι Άγριοι Κύκνοι

Efter en saga av Hans Christian Andersen

För barn från 5 år

© 2024 by Sefa Verlag Kirsten Bödeker, Lübeck, Germany. www.sefa-verlag.de

Special thanks to Paul Bödeker, Freiburg, Germany

All rights reserved.

ISBN: 9783756305377

Läsa · Lyssna · Förstå

Sov gott, lilla vargen
Όνειρα γλυκά, μικρέ λύκε

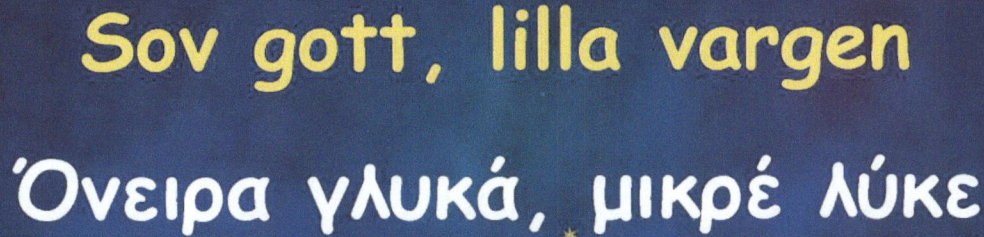

Ulrich Renz / Barbara Brinkmann

svenska   tvåspråkig   grekiska

Översättning:

Katrin Bienzle Arruda (svenska)

Evangelos Papantoniou (grekiska)

Ljudbok och video:

www.sefa-bilingual.com/bonus

Fri tillgång med lösenordet:

svenska: `LWSV2831`

grekiska: `LWEL1421`

God natt, Tim! Vi fortsätter att leta imorgon.
Sov nu så gott!

Καληνύχτα Tim! Θα συνεχίσουμε να ψάχνουμε αύριο.
Τώρα κοιμήσου, όνειρα γλυκά!

Det är redan mörkt ute.

Είναι ήδη σκοτεινά έξω.

Vad gör Tim där?

Τι κάνει ο Tim εκεί;

Han går ut till lekplatsen.
Vad är det han letar efter?

Πάει στην παιδική χαρά.
Τι ψάχνει εκεί;

Den lilla vargen!

Han kan inte sova utan den.

Το μικρό λύκο!

Δεν μπορεί να κοιμηθεί χωρίς αυτόν.

Vem är det nu som kommer?

Ποιος είναι αυτός που έρχεται;

Marie! Hon letar efter sin boll.

Η Marie! Ψάχνει την μπάλα της.

Och vad letar Tobi efter?

Και τι ψάχνει ο Tobi;

Sin grävmaskin.

Τον εκσκαφέα του.

Och vad letar Nala efter?

Και τι ψάχνει η Nala;

Sin docka.

Την κούκλα της.

Måste inte barnen gå och lägga sig?
Undrar katten.

Δεν πρέπει τα παιδιά να πάνε στο κρεβάτι τους;
Αναρωτιέται η γάτα.

Vem kommer nu?

Ποιος έρχεται τώρα;

Tims mamma och pappa!
Utan deras Tim kan de inte sova.

Η μαμά και ο μπαμπάς του Tim!
Δεν μπορούν να κοιμηθούν χωρίς τον Tim τους.

Och nu kommer ännu fler! Maries pappa.
Tobis morfar. Nalas mamma.

Ακόμα περισσότεροι έρχονται! Ο μπαμπάς της Marie.
Ο παππούς του Tobi. Και η μαμά της Nala.

Nu skyndar vi oss i säng!

Αλλά τώρα γρήγορα στο κρεβάτι!

God natt, Tim!

Imorgon behöver vi inte leta mer!

Καληνύχτα Tim!

Αύριο δεν θα χρειαστεί να συνεχίσουμε να ψάχνουμε.

Sov gott, lilla vargen!

Όνειρα γλυκά, μικρέ λύκε!

Cornelia Haas • Ulrich Renz

Min allra vackraste dröm

Το πιο γλυκό μου όνειρο

Översättning:

Narona Thordsen (svenska)

Χρυσή Αργυριάδου-Χέρμανν (grekiska)

Ljudbok och video:

www.sefa-bilingual.com/bonus

Fri tillgång med lösenordet:

svenska: **BDSV2831**

grekiska: **BDEL1421**

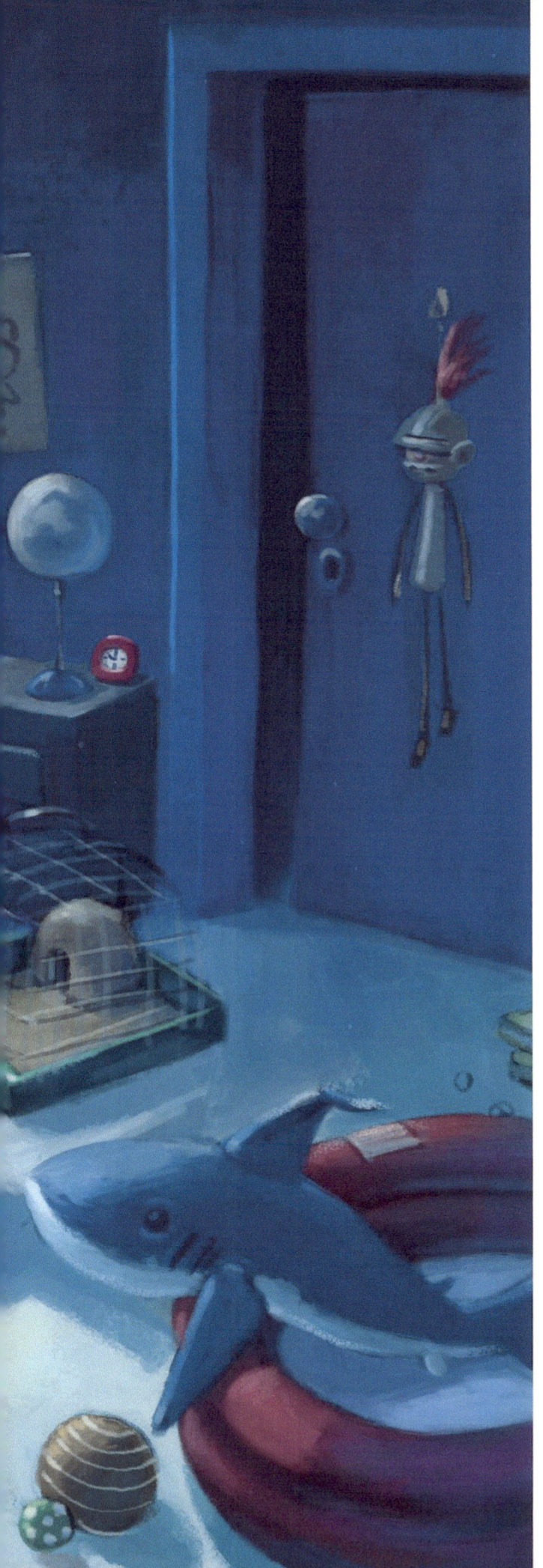

Lulu kan inte somna. Alla andra drömmer redan – hajen, elefanten, den lilla musen, draken, kängurun, riddaren, apan, piloten. Och lejonungen. Även björnen kan nästan inte hålla ögonen öppna ... Du björn, kan du ta med mig in i din dröm?

Η Λουλού δεν μπορεί να κοιμηθεί. Όλοι οι άλλοι ήδη κοιμούνται κι ονειρεύονται – ο καρχαρίας, ο ελέφαντας, το μικρό το ποντικάκι, ο δράκος, το καγκουρώ, ο ιππότης, το πιθηκάκι, ο πιλότος. Ακόμη και το μικρούλι λιονταράκι κοιμάται. Η αρκούδα κι αυτή νυστάζει ...

Καλή μου αρκουδίτσα μπορείς να με πάρεις μαζί σου στο ταξίδι των ονείρων σου;

Och med det så finner sig Lulu i björnarnas drömland. Björnen fångar fisk i Tagayumisjön. Och Lulu undrar, vem skulle kunna bo där uppe i träden? När drömmen är slut vill Lulu uppleva ännu mer. Följ med, vi hälsar på hajen! Vad kan han drömma om?

Κι αμέσως η Λουλού βρίσκεται στον ονειρεμένο κόσμο των αρκούδων.
Η αρκούδα πιάνει ψάρια στη λίμνη Ταγκαγιούμι. Η Λουλού αναρωτιέται, ποιος άραγε να ζει εκεί ψηλά στα δέντρα;
Όταν όμως τελειώνει το όνειρο, η Λουλού θέλει να ζήσει κι άλλες περιπέτειες. Έλα μαζί μας, να επισκεφθούμε τον καρχαρία. Άραγε τι όνειρο να βλέπει αυτός;

Hajen leker tafatt med fiskarna. Äntligen har han vänner! Ingen är rädd för hans spetsiga tänder.

När drömmen är slut vill Lulu uppleva ännu mer. Följ med, vi hälsar på elefanten! Vad kan han drömma om?

Ο καρχαρίας παίζει με τα ψάρια κυνηγητό. Επιτέλους έχει τώρα κι αυτός φίλους! Κανείς δεν φοβάται τα μυτερά του δόντια.
Όταν όμως το όνειρο τελειώνει, η Λουλού θέλει να ζήσει κι άλλες περιπέτειες. Ελάτε μαζί μας, να επισκεφθούμε τον ελέφαντα! Άραγε τι όνειρο να βλέπει αυτός;

Elefanten är lika lätt som en fjäder och kan flyga! Snart landar han på den himmelska ängen.

När drömmen är slut vill Lulu uppleva ännu mer. Följ med, vi hälsar på den lilla musen! Vad kan hon drömma om?

Ο ελέφαντας είναι τόσο ελαφρύς σαν φτερό που μπορεί ακόμα και να πετάξει! Δεν αργεί να προσγειωθεί στο ουράνιο λιβάδι.
Όταν όμως το όνειρο τελειώνει, η Λουλού θέλει να ζήσει κι άλλες περιπέτειες. Ελάτε μαζί μας, να επισκεφθούμε το μικρό ποντικάκι. Άραγε τι όνειρο να βλέπει αυτό;

Den lilla musen är på ett tivoli. Mest gillar hon berg- och dalbanan. När drömmen är slut vill Lulu uppleva ännu mer. Följ med, vi hälsar på draken. Vad kan hon drömma om?

Το μικρό ποντικάκι κάνει βόλτα στο λούνα παρκ. Απ' όλα αυτά που βλέπει το τρενάκι του τρόμου του αρέσει περισσότερο.
Όταν όμως το όνειρο τελειώνει, η Λουλού θέλει να ζήσει κι άλλες περιπέτειες. Ελάτε μαζί μας, να επισκεφθούμε τον δράκο. Άραγε τι όνειρο να βλέπει αυτός;

Draken är törstig av att ha sprutat eld. Hon skulle vilja dricka upp hela sockerdrickasjön.

När drömmen är slut vill Lulu uppleva ännu mer. Följ med, vi hälsar på kängurun! Vad kan hon drömma om?

Έχοντας φτύσει πολλές φωτιές, ο δράκος διψάει. Θα ήθελε τόσο πολύ να πιει όλη τη λίμνη λεμονάδας.
Όταν όμως το όνειρο τελειώνει, η Λουλού θέλει να ζήσει κι άλλες περιπέτειες. Ελάτε μαζί μας, να επισκεφθούμε το καγκουρώ. Άραγε τι όνειρο να βλέπει αυτό;

Kängurun hoppar genom godisfabriken och stoppar sin pung full. Ännu fler av de blåa karamellerna! Och ännu fler klubbor! Och choklad!
När drömmen är slut vill Lulu uppleva ännu mer. Följ med, vi hälsar på riddaren. Vad kan han drömma om?

Το καγκουρώ πάει πηδώντας σ' όλα τα μέρη του εργοστασίου με τα ζαχαρωτά και γεμίζει τον σάκο του. Απίστευτο κι άλλες μπλε καραμέλες, περισσότερα γλειφιτζούρια κι άλλη σοκολάτα!
Όταν όμως το όνειρο τελειώνει, η Λουλού θέλει να ζήσει κι άλλες περιπέτειες. Ελάτε μαζί μας, να επισκεφθούμε τον ιππότη. Άραγε τι όνειρο να βλέπει αυτός;

Riddaren har tårtkrig med sin drömprinsessa. Oj! Gräddtårtan missar! När drömmen är slut vill Lulu uppleva ännu mer. Följ med, vi hälsar på apan! Vad kan han drömma om?

Ο ιππότης παίζει τουρτοπόλεμο με την πριγκίπισσα των ονείρων του.
Αλλά δεν την πετυχαίνει με την τούρτα κρέμας!
Όταν όμως το όνειρο τελειώνει, η Λουλού θέλει να ζήσει κι άλλες περιπέτειες. Ελάτε μαζί μας, να επισκεφθούμε τον πίθηκα. Άραγε τι όνειρο να βλέπει αυτός;

Äntligen har det snöat i aplandet! Hela apgänget är helt uppspelta och gör rackartyg.

När drömmen är slut vill Lulu uppleva ännu mer. Följ med, vi hälsar på piloten! I vilken dröm kan han ha landat i?

Επιτέλους χιόνισε στη χώρα των πιθήκων! Η συμμορία των πιθήκων είναι κατενθουσιασμένη και ξετρελαίνεται κάνοντας απίστευτες χαζομάρες. Όταν όμως το όνειρο τελειώνει, η Λουλού θέλει να ζήσει κι άλλες περιπέτειες. Ελάτε μαζί μας, να επισκεφθούμε τον πιλότο. Άραγε σε ποιο όνειρο να βρίσκεται τώρα αυτός;

Piloten flyger och flyger. Ända till världens ände och ännu längre, ända till stjärnorna. Ingen pilot har någonsin klarat av detta tidigare.
När drömmen är slut så är alla väldigt trötta och känner inte för att uppleva mycket mer. Men lejonungen vill de fortfarande hälsa på. Vad kan hon drömma om?

Ο πιλότος πετάει χωρίς σταματημό. Μέχρι το τέλος του κόσμου και πιο μακριά μέχρι τ' αστέρια πετάει. Αυτό δεν το κατάφερε κανένας άλλος πιλότος μέχρι τώρα.
Όταν όμως το όνειρο τελειώνει, όλοι είναι πολύ κουρασμένοι και δεν θέλουν να ζήσουν άλλες περιπέτειες. Στο τέλος θέλουν όμως να επισκεφθούν και το μικρούλι λιονταράκι. Άραγε τι όνειρο να βλέπει αυτό;

Lejonungen har hemlängtan och vill tillbaka till sin varma mysiga säng. Och de andra med.

Och där börjar ...

Το μικρούλι λιονταράκι αισθάνεται μόνο του και θέλει πάρα πολύ να γυρίσει στο σπίτι του, να κουκουλωθεί στο ζεστό του κρεβατάκι.
Αυτό θέλουν να κάνουν κι όλοι οι άλλοι.

Τώρα αρχίζει ...

... Lulus
allra vackraste dröm.

... το πιο γλυκό όνειρο της Λουλούς.

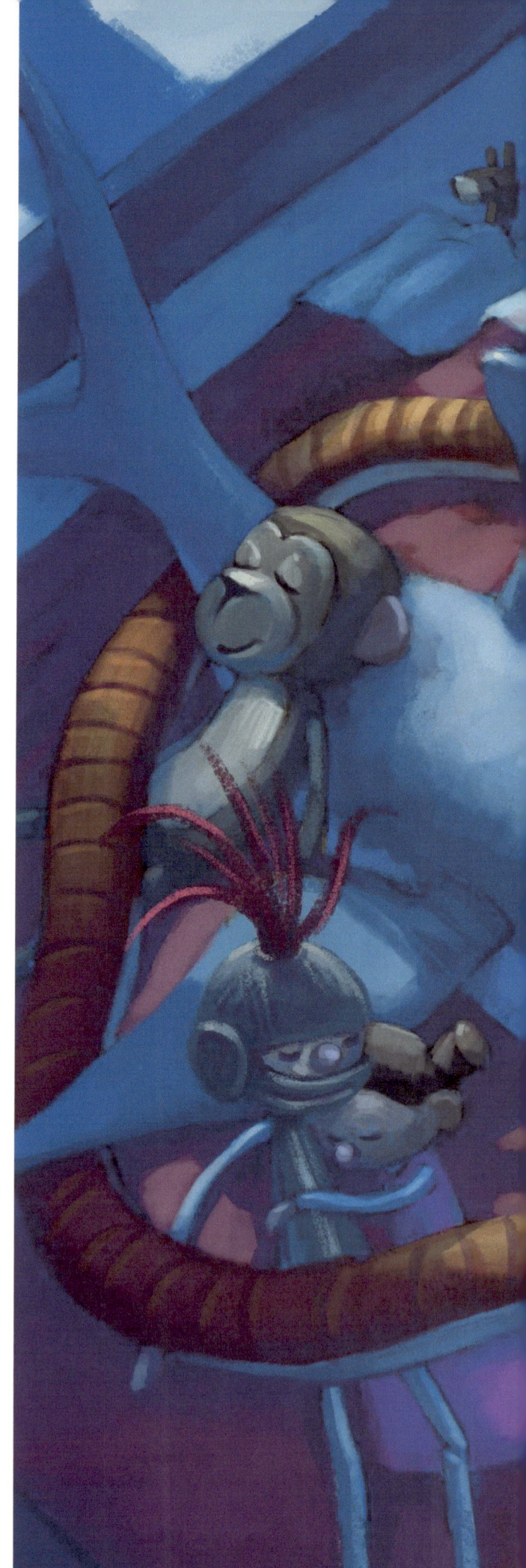

Ulrich Renz • Marc Robitzky

De vilda svanarna
Οι Άγριοι Κύκνοι

Översättning:

Narona Thordsen (svenska)

Χρυσή Αργυριάδου-Χέρμανν (grekiska)

Ljudbok och video:

www.sefa-bilingual.com/bonus

Fri tillgång med lösenordet:

svenska: **WSSV2831**

grekiska: **WSEL1421**

Ulrich Renz · Marc Robitzky

De vilda svanarna
Οι Άγριοι Κύκνοι

Efter en saga av
Hans Christian Andersen

svenska   tvåspråkig   grekiska

Det var en gång tolv kungabarn—elva bröder och en storasyster, Elisa. De levde lyckliga i ett underbart vackert slott.

Μια φορά κι έναν καιρό ζούσαν δώδεκα αδέλφια, έντεκα αδελφοί και μια μεγάλη αδελφή, η Ελίζα. Ζούσαν όλοι ευτυχισμένοι σ΄ ένα πανέμορφο κάστρο.

En dag dog modern, och efter en tid gifte sig kungen på nytt. Men den nya kvinnan var en elak häxa. Hon förtrollade de elva prinsarna så att de blev svanar och skickade dem långt bort till ett fjärran land bakom den stora skogen.

Μια μέρα πέθανε η μητέρα τους, και λίγο αργότερα, ο βασιλιάς ξαναπαντρεύτηκε. Αλλά η καινούρια του γυναίκα ήταν μια κακή μάγισσα. Μεταμόρφωσε τους έντεκα πρίγκιπες σε κύκνους και τους έστειλε πολύ μακριά σε μια μακρινή χώρα πιο πέρα κι απ᾽ το μεγάλο δάσος.

Flickan klädde hon i trasor och smörjde in henne med en ful salva i ansiktet så att den egna fadern inte längre kände igen henne och jagade bort henne från slottet. Elisa sprang in i den mörka skogen.

Το κορίτσι το έντυσε με κουρέλια κι άλειψε το πρόσωπό του με μια απαίσια αλοιφή, έτσι ώστε ακόμη και ο ίδιος ο πατέρας του να μην μπορεί να το αναγνωρίσει και το έδιωξε από το κάστρο. Η Ελίζα κατέφυγε τρέχοντας στο σκοτεινό δάσος.

Nu var hon helt ensam och längtade efter hennes försvunna bröder med hela sitt hjärta. När det blev kväll bäddade hon en säng av mossa under träden.

Τώρα ήταν εντελώς μόνη και λαχταρούσε μέσα από τα βάθη της ψυχής της να δει τους εξαφανισμένους αδελφούς της. Όταν βράδιασε, έκανε ένα κρεβάτι από βρύα κάτω από τα δέντρα.

Nästa morgon kom hon fram till en lugn sjö och blev förskräckt när hon däri såg sin spegelbild. Men efter att hon hade tvättat sig var hon det vackraste kungabarnet på jorden.

Το επόμενο πρωί έφτασε σε μια ήσυχη λίμνη και τρόμαξε όταν είδε τον εαυτό της να καθρεφτίζεται στην επιφάνεια της λίμνης. Αλλά αφού πλύθηκε, ήταν η πιο όμορφη βασιλοπούλα του κόσμου.

Efter många dagar nådde Elisa det stora havet. På vågorna gungade elva svanfjädrar.

Μετά από πολλές μέρες η Ελίζα έφτασε σε μία μεγάλη θάλασσα. Στα κύματά της έπλεαν έντεκα φτερά κύκνων.

När solen gick ner hördes ett sus i luften och elva vilda svanar landade på vattnet. Elisa kände genast igen sina förtrollade bröder. Men för att dom talade svanspråket kunde hon inte förstå dem.

Καθώς ο ήλιος έδυε ακούστηκε ένας θόρυβος στον αέρα και έντεκα άγριοι κύκνοι προσγειώθηκαν στην επιφάνεια της θάλασσας. Αμέσως αναγνώρισε η Ελίζα τους μεταμορφωμένους σε κύκνους αδελφούς της. Επειδή όμως μιλούσαν τη γλώσσα των κύκνων, δεν μπορούσε να τους καταλάβει.

På dagen flög svanarna bort, under natten kurade syskonen ihop sig i en grotta.

En natt hade Elisa en besynnerlig dröm: Hennes mor sade till henne hur hon kunde befria sina bröder. Av nässlor skulle hon sticka en skjorta för varje svan och dra den över den. Men tills dess får hon inte tala ett enda ord, annars måste hennes bröder dö.
Elisa började genast med arbetet. Trots att hennes händer sved som brända med eld stickade hon outtröttligt.

Κατά τη διάρκεια της ημέρας οι κύκνοι πετούσαν μακριά, τη νύχτα, τ΄ αδέλφια έβρισκαν καταφύγιο μέσα μία σπηλιά αγκαλιάζοντας ο ένας τον άλλον.

Μια νύχτα η Ελίζα είδε ένα περίεργο όνειρο: η μητέρα της, τής είπε πώς θα μπορούσε να λυτρώσει τους αδελφούς της. Θα έπρεπε να πλέξει ένα μπλουζάκι από τσουκνίδες για κάθε κύκνο και να το ρίξει επάνω του. Ως τότε, όμως, δεν θα της επιτρεπόταν να πει ούτε καν μια λέξη, διαφορετικά οι αδελφοί της θα πέθαιναν.
Η Ελίζα ξεκίνησε αμέσως το πλέξιμο. Αν και τα χέρια της έτσουζαν σαν να ακουμπούσαν φωτιά, η Ελίζα έπλεκε κι έπλεκε ακούραστα κι ασταμάτητα.

En dag ljöd jakthorn i fjärran. En prins kom ridande med sitt följe och stod snart framför henne. När de såg in i varandras ögon blev de förälskade i varandra.

Μια μέρα ακούστηκαν από μακριά κυνηγετικά κέρατα. Ένας πρίγκιπας ήρθε καβάλα με την συνοδεία του και σταμάτησε μπροστά της. Όταν οι δυο τους κοιτάχτηκαν στα μάτια, ερωτεύτηκε ο ένας τον άλλον.

Prinsen lyfte upp Elisa på sin häst och red med henne till sitt slott.

Ο πρίγκιπας ανέβασε την Ελίζα στο άλογό του και την πήρε στο κάστρο του.

Den mäktige skattmästaren var allt annat än glad över ankomsten av den stumma vackra. Hans egen dotter skulle bli prinsens brud.

Ο ισχυρός θησαυροφύλακας δεν χάρηκε καθόλου για τον ερχομό της όμορφης μουγγής, μια και η κόρη του προοριζόταν να παντρευτεί τον πρίγκιπα.

Elisa hade inte glömt sina bröder. Varje kväll fortsatte hon att arbeta med skjortona. En natt gick hon ut till kyrkogården för att hämta färska nässlor. Samtidigt blev hon hemligt iakttagen av skattmästaren.

Η Ελίζα δεν είχε ξεχάσει τους αδελφούς της. Κάθε βράδυ συνέχιζε να πλέκει τα μπλουζάκια. Μια νύχτα βγήκε να πάει στο νεκροταφείο για να μαζέψει φρέσκες τσουκνίδες. Ο θησαυροφύλακας την παρακολούθησε κρυφά.

Så snart som prinsen var på en jaktutflykt lät skattmästaren slänga Elisa i fängelsehålan. Han hävdade att hon var en häxa som mötte andra häxor på natten.

Μόλις ο πρίγκιπας έφυγε για κυνήγι, ο θησαυροφύλακας έδωσε διαταγή να κλείσουν την Ελίζα στο μπουντρούμι. Ισχυριζόταν πως ήταν μάγισσα και πως συναντιόταν με άλλες μάγισσες τη νύχτα.

I gryningen blev Elisa hämtad av vakterna. Hon skulle brännas på torget.

Την αυγή η φρουρά ήρθε και πήρε την Ελίζα. Προοριζόταν να καεί στην πλατεία.

De hade knappast kommit fram när plötsligt elva vita svanar kom flygande. Snabbt drog Elisa en nässelskjorta över var och en. Snart stod alla hennes bröder framför henne som människofigurer. Bara den yngsta, vars skjorta inte hade blivit helt färdig, behöll en vinge istället för en arm.

Δεν είχε καν φτάσει εκεί, όταν ξαφνικά παρουσιάστηκαν πετώντας έντεκα λευκοί κύκνοι. Η Ελίζα έριξε γρήγορα στον καθένα από ένα μπλουζάκι τσουκνίδας. Σύντομα παρουσιάστηκαν όλοι οι αδελφοί της μπροστά της σε ανθρώπινη μορφή. Μόνο ο μικρότερος αδελφός του οποίου το μπλουζάκι δεν ήταν εντελώς τελειωμένο, είχε μια φτερούγα στη θέση ενός χεριού.

Syskonens kramande och pussande hade inte tagit slut än när prinsen kom tillbaka. Äntligen kunde Elisa förklara alltihopa. Prinsen lät den elake skattmästaren slängas i fängelsehålan. Och sedan firade de bröllop i sju dagar.

Och så levde de lyckliga i alla sina dagar.

Οι αγκαλιές και τα φιλιά των αδελφών της δεν είχαν τελειώσει ακόμα όταν ο πρίγκιπας επέστρεψε. Έτσι επιτέλους μπόρεσε η Ελίζα να του εξηγήσει τα πάντα. Ο πρίγκιπας διέταξε να ρίξουν τον κακό θησαυροφύλακα στο μπουντρούμι.

Και ζήσανε αυτοί καλά κι εμείς καλύτερα!

Hans Christian Andersen

Hans Christian Andersen was born in the Danish city of Odense in 1805, and died in 1875 in Copenhagen. He gained world fame with his literary fairy-tales such as „The Little Mermaid", „The Emperor's New Clothes" and „The Ugly Duckling". The tale at hand, „The Wild Swans", was first published in 1838. It has been translated into more than one hundred languages and adapted for a wide range of media including theater, film and musical.

Barbara Brinkmann föddes i München (Tyskland) år 1969. Hon studerade arkitektur i München och arbetar för närvarande vid Institutionen för Arkitektur vid München tekniska universitet. Hon arbetar också som grafisk formgivare, illustratör och författare.

Cornelia Haas föddes 1972 nära Augsburg (Tyskland). Efter utbildningen som skylt- och ljusreklamtillverkare studerade hon design vid Münster yrkeshögskola och utexaminerades som diplom designer. Sedan 2001 illusterar hon barn- och ungdomsböcker, sedan 2013 undervisar hon i akryl- och digitalmålning vid Münster yrkeshögskola.

Marc Robitzky, born in 1973, studied at the Technical School of Art in Hamburg and the Academy of Visual Arts in Frankfurt. He works as a freelance illustrator and communication designer in Aschaffenburg (Germany).

Ulrich Renz föddes 1960 i Stuttgart (Tyskland). Efter att ha studerat fransk litteratur i Paris tog han läkarexamen i Lübeck och var chef för ett vetenskapligt förlag. Idag är Renz frilansförfattare, förutom faktaböcker skriver han barn- och ungdomsböcker.

Gillar du att måla?

Här kan du hitta bilderna från berättelsen för färgläggning:

www.sefa-bilingual.com/coloring

www.ingramcontent.com/pod-product-compliance
Lightning Source LLC
LaVergne TN
LVHW070445080526
838202LV00035B/2737